重构一个整体。在另一些路段,石子遗失了或者损坏了。这种情况下,考古学家们会借助古籍和出土文物来重构联系。有时考古学家们会有一些收获,人们能够对古时候的生活有所了解。但更多的时候,遥远的史前时代的空白会被永远埋藏在黑暗中。

公元618年,唐朝建立

公元800年,查理大帝加冕

公元8—9世纪,骑士制度在欧洲产生

公元960年,宋朝建立

公元1023年,最早的纸币"交子"发行

约公元11世纪,火药发明

公元11世纪,在航行中使用指南针

公元1271年,马可·波罗出发去中国旅行

公元1297年,蒙古族统治的元朝初期

浪花朵朵

换个角度看历史

[德] 科妮莉亚·赫尔曼斯 著
[德] 格雷戈尔·克廷 绘
林芳芳 译

贵州出版集团
贵州人民出版社

目录

自古以来令人惊叹不已 ……… 2

中国——墙的国度 …… 5
英国人的惊叹 ……… 6
长城和月亮 ……… 8
墙、围墙、城墙 ……… 9

战国时代 …… 11
数百年的战争 ……… 12
最初的边墙 ……… 13

中国第一位皇帝和最初的万里长城 … 15
又一个帝国 ……… 16
秦始皇 ……… 17
最初的万里长城 ……… 18
长城之泪 ……… 20

北方的异族 …… 23
古代中国人的世界观 ……… 24
可怕的邻居 ……… 25
黄河——黄色的河流 ……… 26
游牧民族与农民的斗争 ……… 27
怎么办呢? ……… 28
匈奴 ……… 30
满族 ……… 33
蒙古族 ……… 34

汉长城 …… 37
匈奴重返和新的长城 ……… 38
向西之旅 ……… 42
最长的长城 ……… 43
丝绸之路的安全 ……… 44
荒漠里的城墙 ……… 46

明长城 …… 49
蒙古人被驱逐 ……… 50
然而他们回来了 ……… 52
修建新的长城 ……… 54
他们又回来了 ……… 55
大规模兴筑长城 ……… 55

砖、石、沙和黏土 …… 57
建筑材料 ……… 58
砖块砌成的长城 ……… 59
建筑工人 ……… 60
运输 ……… 61

世界上最大的边境工程 …… 63
不仅仅是一座城墙 ……… 64
敌台 ……… 65
烽火台 ……… 66
击石燕鸣 ……… 68

伟大的长城 …… 71
保佑 ……… 72
新的外族漂洋过海而来 ……… 73
日本入侵 ……… 74
令人敬仰的石头 ……… 75
世界文化遗产之一 ……… 76

附录 …… 79
词汇表 ……… 80
参考文献 ……… 84
图片来源 ……… 85
作者和插画家 ……… 86

自古以来令人惊叹不已

从渤海之滨的山海关*到荒漠戈壁的嘉峪关,横亘着万里长城*。

从前在欧洲,虽然很多人没有亲眼见过万里长城,但早有"世界七大奇迹合起来也比不上长城雄伟"的说法。如今,即便身处远在欧洲的德国,只需要乘坐10小时的飞机,就能来到北京。长城是世界上最让游客着迷的景点之一——来中国旅行没有不去长城的。每一个登上长城的人都赞叹它是世界奇迹。游客最多的当属位于北京北面的八达岭长城*。在那里,举世闻名的长城绵延在极其险峻的山峦之上。游客们像古代中国的士兵一样,拾级而上。只是古时候的长城上面,还没有卖万里长城纪念衫、围巾、果酱和酒的小货摊。

运动爱好者甚至可以在长城上跑步,10千米、半程马拉松或者全程马拉松都可以。长城

长城上的游客

注:所有带*的词语在本书末尾词汇表中都有解释。

马拉松被视为世界上强度最大的马拉松,因为跑步者必须克服极端的爬升并且要登上无数的台阶。长城马拉松从2015年开始举办,跑道全部设在长城上。

那么,游客到底能不能完整地参观万里长城呢?长城到底有多长?

2009年,中国官方为了制图和保护文物,对明长城*进行了重新测量:明长城长8851.8千米,比之前测量的数据增加了约2500千米。其中6259.6千米是人工建造的,其余是河流、山川形成的天然屏障。在人工墙体中,只有513千米保存得比较完好。古时候的中国人民为什么要修建这道长度突破人们想象的城墙呢?

让我们回顾一下历史……

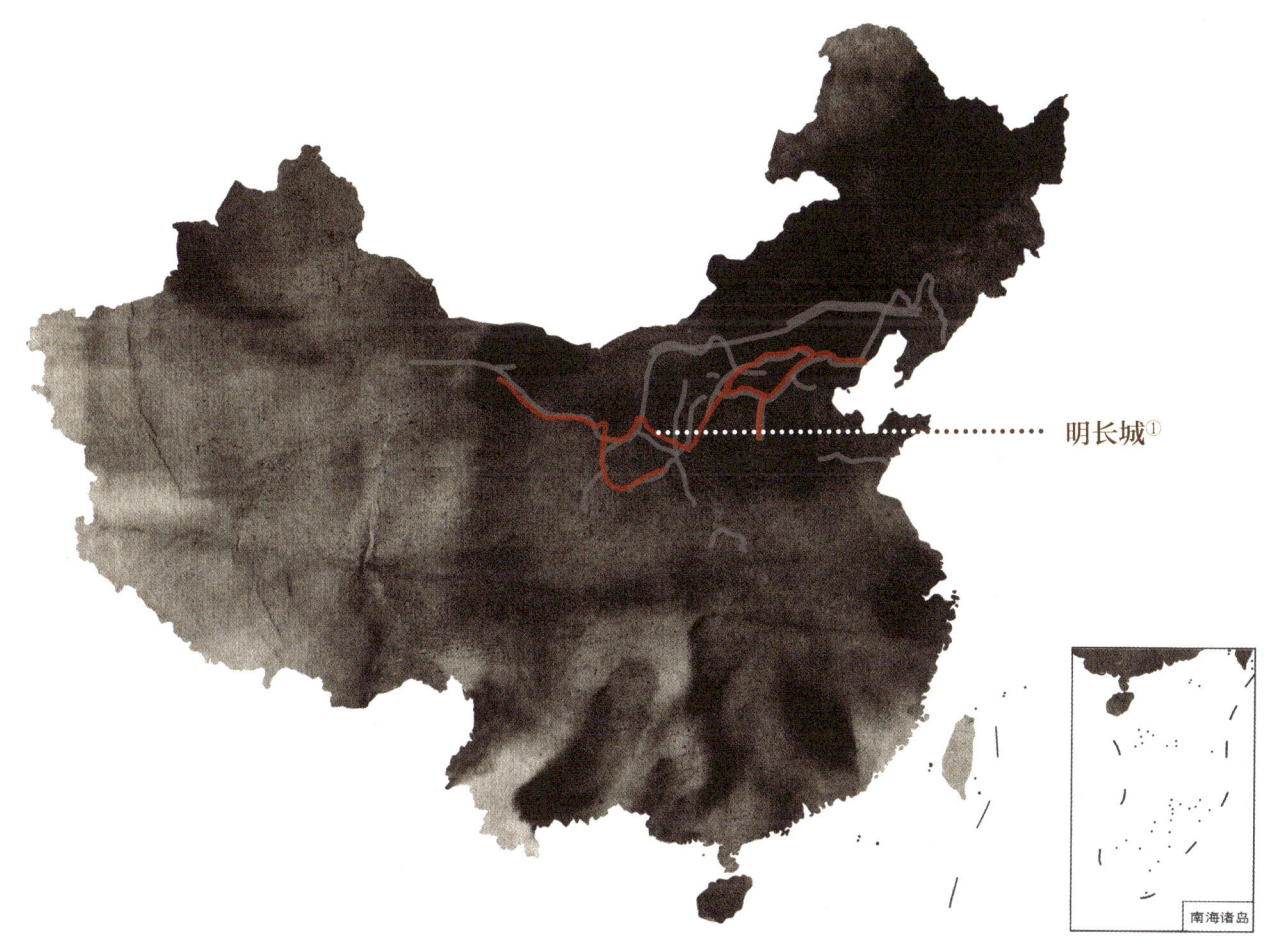

明长城①

① 为便于读者理解,本书地图均根据当前中国地图绘制。——编者注

中国——墙的国度

英国人的惊叹

18世纪末期,英国王室很恼火,因为英国人长期从中国采购大量茶叶,但中国人却从不买英国的产品。这样一来,中国通过贸易变得越来越富有,而英国人却赚不到钱。因此,英国国王在1792年派了商人、学者和政客来到中国,并带来了望远镜、天象仪、钟表、气压计、气枪和热气球等,希望这些新奇的事物能吸引中国人的注意力。

英国人在中国买茶叶

皇室成员细细打量了所有东西。但由于宫廷翻译错误地将"天象仪"翻译成了"天文地理上的音乐钟",使得皇室成员听完直摇头,并且困惑不已:英国人为什么要用这么个中看不中用的玩意儿呢?在此之前,还有传言说英国人带了小矮人和个头像小猫的大象来到中国。皇室成员原本想要一睹为快,但没想到他们带来的东西竟然如此奇怪。

皇帝对英国的商品不感兴趣

在去颐和园的路上,皇帝让英国使团在北京北部的古北口长城*停留。那里的长城雄伟地蜿蜒于山脊之上。

英国人情不自禁地赞叹,同时也感到奇怪,为什么中国人会对这个建筑学上的奇迹习以为常。英国使团的正使乔治·马戛尔尼受到了很深的触动,他在日记里写道:

所有文献证实这道城墙大约始建于公元前200年……如果一定要把我之前所见的建筑与它做比较,那么长城无疑是人类建成的最令人惊叹的作品。

从古北口长城眺望的景色

乔治·马戛尔尼

长城和月亮

1923年2月,畅销的《国家地理》杂志刊登了一篇报道:《中国的万里长城》。报道的开头这样写道:

根据天文学家的推测,中国的万里长城是唯一一座人工建造的、可以从月球上用肉眼看到的建筑。

长期以来,科学家们对能否从月球上看到长城进行了研究,也对能否从火星上看到长城的景象进行了争论,使得这种"太空肉眼看长城"的说法非常流行。然而,直到人类第一次登上月球,我们才知道,从月球上是看不到长城的。

我们还了解到,用于建造长城的砖石并不像之前说的那样可以绕地球一圈,因为长城只有一部分是用砖石修建的。

墙、围墙、城墙

自古以来,中国人就喜欢修建"墙"。就像很少有房子没有屋顶一样,很少有城市或村庄没有城墙。城市、城镇、村落、住宅区和每个院子的周围都有墙。通常在房子前面还立着影壁,因为中国人认为鬼怪只走直线,不会拐弯。人们想让鬼怪沿着影壁离开房子的大门,这样的做法会有效吗?

无论如何,墙在炎热的夏天阻挡了热浪,在冰冷的冬天阻挡了寒风。

除了这些数不清的墙,在北方边境还有一道伟大的墙——长城。

长城不是在公元前200年左右一次性建成的,而是千百年来随着北方边境的每一次推移重新修建的。

有影壁的房子

战国时代

数百年的战争

让我们更深入地追溯历史。从公元前1046年起,周朝王室统治中国,他们将土地分封给诸侯。可是没过多久,诸侯开始为权力和封地*互相征战。相应地,周王的权力越来越小。后来,每位诸侯都想统治其他人,扩张自身权力,并想自封为王。其他诸侯自然不会同意。因此,公元前5世纪到公元前3世纪期间,一直持续着权力之争。直到其中一位诸侯战胜了其他诸侯,实现了统一,战争才得以终止。根据中国古代编年史,这个战争持续的时代被称为"战国时代"。

周武王*

最初的边墙

在战国时代,每一位诸侯都用边墙来防御其他诸侯的进攻,这是中国建造的最初的边墙。在这之后,国家就开始在北方边境建造边墙,用来抵御来自亚洲中部草原的游牧民族的袭击。

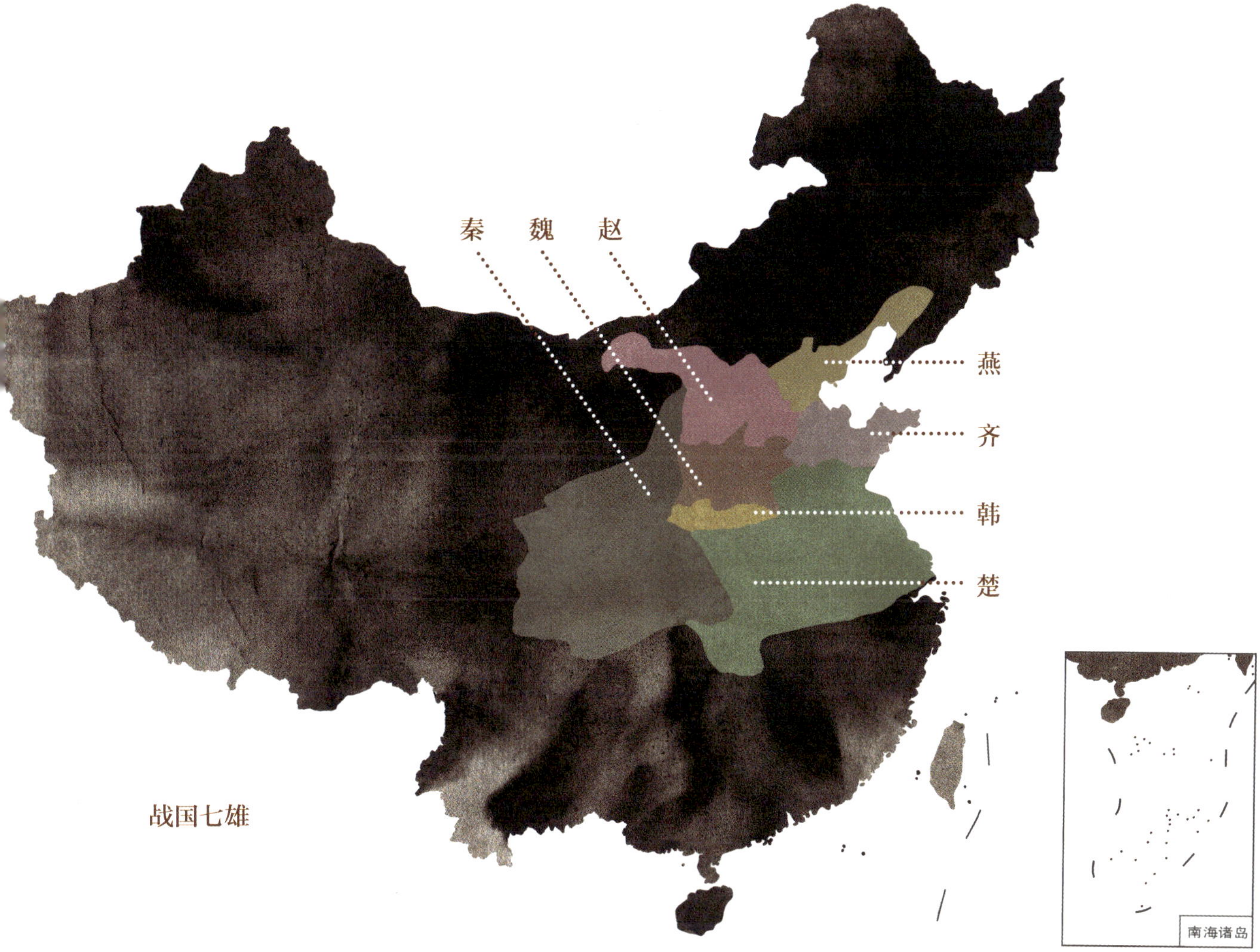

秦 魏 赵 燕 齐 韩 楚

战国七雄

南海诸岛

中国第一位皇帝和
最初的万里长城

又一个帝国

公元前247年，秦国的太子嬴政继承王位。他完成了其他诸侯想做却未能做到的事：战胜其他诸侯，夺取全中国的权力。公元前221年，他统一六国，建立秦朝，成为中国的皇帝。他称自己为第一位皇帝，是崇高神圣的统治者，全称是秦始皇，即秦王朝的第一位皇帝，中国的"始皇帝"。

中国第一位皇帝——秦始皇

焚书

秦始皇

秦始皇是一位天才的军事领袖，更是一位卓越的管理者。然而，他仇视儒家学者。司马迁这样描述他：

> 秦王为人，蜂准，长目，鸷鸟膺，豺声，少恩而虎狼心。
>
> （译者注：秦王这个人，高鼻梁，细长的眼睛，鸷鸟一样的胸膛，豺狼一样的声音，缺乏仁德而有虎狼之心。）

秦始皇迷恋权力，厌恶哲人和儒生。丞相李斯*曾以皇帝的名义控诉：

> 今诸生不师今而学古，以非当世，惑乱黔首。
>
> （译者注：现在的儒生们不学习今天的学说，却要效法古代的，以此来非议当世，迷惑百姓。）

效法古代和非议当世都是秦始皇无法忍受的。为了彻底宣告秦朝的统一和新时代的开启，秦始皇在公元前213年下令焚烧大量历史古籍和儒家经典，还下令将许多进行抗议的儒生和哲人活埋。在他统治期间，只允许保留医药、农业和占卜相关的书籍。

公元前215年，秦始皇巡视北部边界。根据司马迁的记载，秦始皇在那里有个"命中注定"的会面。一个被派到海上求仙的人告诉秦始皇，海上的神仙说北狄*会使秦朝灭亡。每个中国人都知道北狄，他们一再入侵中原，是来自草原的危险的游牧民族。

历史学家司马迁

> 司马迁，西汉历史学家，中国纪传体史书编撰的奠基人。他撰写的《史记》是古代中国最重要的历史著作之一。

最初的万里长城

蒙恬将军

秦始皇对任何一个有关鬼神的预言都深信不疑,他很快派出能干的蒙恬将军率领30万大军前往北方边境。蒙恬和他的战士将北狄驱逐出黄河*流域,秦朝军队占领了那片区域。后面发生的事,司马迁这样写道:

> 筑长城,因地形,用制险塞,起临洮*,至辽东,延袤万余里。
>
> (译者注:蒙恬修筑长城,利用地理形势,设置要塞,西起临洮,东到辽东,逶迤绵延一万余里。)

这是中国历史上最初的万里长城。秦始皇,中国的第一位皇帝,大约在公元前214年下令修建万里长城,他的名字也因此和长城联系在了一起。当时的长城有4000—5000千米,太精确的数据已经无从考证。

约公元前214年,蒙恬受命修建第一座万里长城。除此之外,他还下令扩建了一些战国时代的城墙。

蒙恬对秦始皇始终忠心耿耿。尽管如此,在秦始皇驾崩后,他还是遭人陷害,被安上背叛的罪名,最终被迫自杀。蒙恬自认足以定他死罪的原因是:

> 起临洮属之辽东,城堑(chán)万余里,此其中不能无绝地脉哉?
>
> (译者注:起自临洮接连到辽东,筑长城,蜿蜒一万余里,这中间能没有截断大地脉络的地方吗?)

说完,他服毒自杀。和当时的很多中国人一样,蒙恬也信土地神,他自认冒犯了神灵。

秦始皇巡游

战士俑

秦始皇经常在国内巡游。公元前210年,他又一次出去巡游。为了延长寿命,御医很可能一直让他服用水银这种所谓的万灵药,但反而导致他越来越紧张不安。走投无路的他开始寻找仙丹以求长生不老。在这次出行中,他还是没找到仙丹,而且为此搭上了性命。

1974年,秦始皇陵附近的兵马俑*被发掘出来,举世闻名的秦始皇陵兵马俑重见天日。兵马俑坑由超过7000具战士俑、上百辆战车和上百具战马俑组成。

长城之泪

生男慎勿举，生女哺用脯。

不见长城下，尸骸相支拄。

（译者注：如果你有儿子，就不要把他养大。如果你有女儿，就用肉干喂养她。难道你没看到，长城是用尸骨堆砌而成的吗？）

这首诗写于秦始皇统治时期，充满辛酸的悲叹。以前，儿子是每个家庭的骄傲，但自从开始修建长城，生养儿子已经没什么意义了。

秦始皇在全国范围内大兴土木。他命令几乎所有年轻人在服役期内修建长城、街道、运河、皇宫和他的皇陵。在这些大型建筑工地上，根本无人考虑被迫服役的劳工，很多人因此丧命。由此看来，给儿子吃再昂贵精良的食物又有什么用呢？

长城就是其中最大型的建筑之一，在建造过程中死伤无数。

当时全国约有2000万人，超过50万农民被皇帝派到长城上干苦力。极其艰苦的工作导致无数人命丧长城，无数家庭支离破碎。此外，囚犯也被发配到长城服劳役。蒙恬的30万士兵是主要的劳力。随着时间的推移，越来越多的士兵、囚犯和农民被迫去修筑长城。那些因为修建长城而死去的人，都被草草埋到了长城之下。为了秦帝国北方边境的安宁，人们流下了太多的鲜血、太多的汗水和太多的眼泪。

建造长城时无数人丧命

传说中的孟姜女*是一个被派去修建长城的农民的妻子。她的故事反映了长城上极其艰苦的劳动。

孟姜女去长城北端的山海关（榆关）给她的丈夫送冬衣。可是她到了那儿后发现，他的丈夫已经因为繁重的工作精疲力尽、饥寒交迫而死。她痛哭不止，直到这段长城就此崩塌，露出了她丈夫的尸骸以及其他成千上万死去劳工的白骨。孟姜女将这些尸骨一一埋葬之后，投海自尽。

如今，人们还可以参观孟姜女曾经住过的地方、她的坟墓和纪念她的庙。在各式各样的戏剧演出中，孟姜女的故事至今仍在上演。

演员们在表演孟姜女的故事

北方的异族

古代中国人的世界观

古代的中国人普遍认为中国是位于世界中央的国家,是世界的中心。皇帝处于核心地位,他的周围围绕着整个文明世界。皇帝是天子,其他统治者都臣服于他。龙是皇帝的象征,它可以缩小到像蚕一样小,又可以变得巨大无比,俯视地上的一切。

在古代中国人看来,中国四周生活着野蛮的外族人。但中国人可以和一些外族人比较融洽地相处,比如日本人和朝鲜人。这些外族人在适应中国人的生活方式后,看起来就不那么野蛮了。然而普天之下最难以教化的"蛮族",就是来自亚洲内陆草原的北狄。

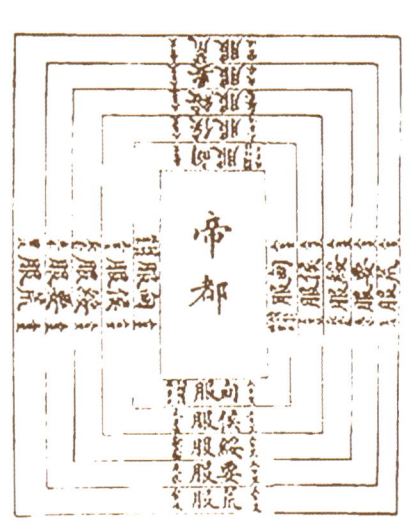

古代中国人的世界观:皇帝是绝对的核心。紧挨着他的是开化的中国人。离皇帝距离越远,居住着开化程度越低的"蛮族"。

中国农民

游牧民族在他们的蒙古包*前

可怕的邻居

定居和耕种是中华文化的一部分。天子*的臣民不会赶着牧群东游西荡，不会从事畜牧业，只有北狄才会做这些。尽管中原人也需要牲口拉货和驮货，需要水牛拉犁，但他们尽可能控制所需牲口的数量。因为中原人对草原游牧民族曾充满偏见：

他们像野鸟和牲口，

他们是默不作声的狼。

他们贪得无厌，行为粗鲁，住在凶险的沼泽和荒漠里。

……

中原人曾这样评价北方的邻居，不想和他们有任何瓜葛。

黄河——黄色的河流

黄河是中国第二长的河流。它在向东流之前，横穿了北部的鄂尔多斯高原*。它将流经区域的黄土冲刷下来，使河水呈现出黄色，由此得名黄河。

鄂尔多斯高原有广袤的草原，游牧民族在此放牧。

那里也是古代中原文化*的发祥地。因为早在一万年前，在那片黄河的冲积平原上就已经有了简单的农业。那里有充足的水，农民可以耕作。

因此，农民在黄河流域定居，游牧民族也在这片区域放牧。他们几乎无法和平相处，长期处于敌对状态。鄂尔多斯高原对于游牧民族非常重要，因为那里不仅有草原，还是他们突袭和劫掠中原的绝佳位置。

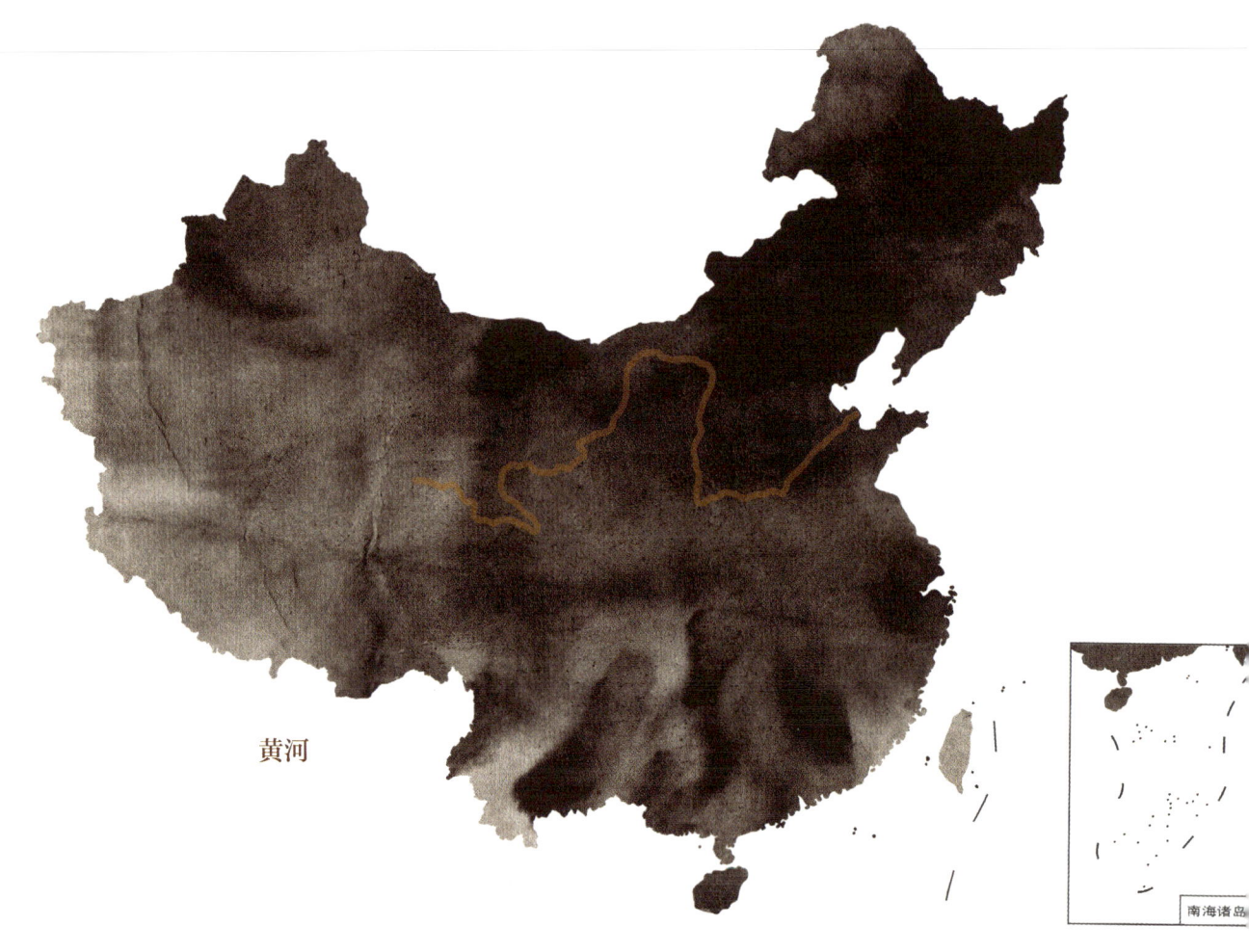

黄河

一个蒙古人

游牧民族与农民的斗争

  游牧民族随着放牧而迁徙。早在几个世纪前,他们就随着山羊、绵羊、马、骆驼和牦牛*四处迁徙。夏天,他们生活在平原的夏季牧场;冬天,他们生活在山谷里的冬季牧场。夏季牧场和冬季牧场之间的距离一般不会超过150千米。

  游牧民族的吃住都在一种叫作蒙古包的圆形帐篷里,这种帐篷是他们用兽皮缝制而成的。他们的生活必需品几乎都是由动物提供的:牛奶、奶酪、黄油、肉类、皮革和毛皮大衣。动物粪便干燥后还可以作为燃料。然而,制作武器的金属、为冬天储备的粮食、作为礼物的丝绸、用热水冲泡的茶叶等商品必须通过交换才能获得。而能跟他们交换这些物品的人,就是住在边界的中原人。一旦游牧民族吃用不足,或者中原人拒绝交换,游牧民族就可能强行从中原人那里抢走所需物品。他们骑着强壮的马而来,用弓箭武装自己,抢劫和偷盗中原农民家中所有他们需要的物品,再和来时一样,迅速消失在草原之中。

  游牧民族的生活方式使得他们不可能存储过多货物,因此,他们必须通过交换来获得一些生活必需品,有时更是直接抢劫。

怎么办呢?

对付北方敌人的代价是昂贵的。军人们必须保护农民免受掠夺,但很多情况下却无济于事。因为从军事上来看,骑马的游牧民族对战中原的士兵有着压倒性的优势。

怎么办呢?皇宫里的大臣们争论不休。有些人建议直接开战,但是在辽阔的草原上几乎不可能取得最终的胜利。另一些人建议用外交手段解决,要求北狄进贡——这个策略中原人已经尝试多次,但是中原人给出去的东西,往往比北狄上贡的多得多。

因此,秦始皇决定用一个完全不同的办法,即下令修建最早的长城。秦始皇要让长城不可逾越,要让北狄从此远离中原。秦始皇之所以这么做,是因为他已经从入海求仙的使者那里得知,如果在今后的数百年中有外族夺取中原的统治权,那么一定是北狄。然而,即便是最牢固最高大的城墙,也不是永远都不可逾越的。有三支游牧民族是最危险的敌人,他们在历史上一再进入中原,有的甚至还夺取了政权,他们是匈奴*、满族*和蒙古族*。

上交贡品

> 进贡是指外族臣服于皇帝，并向皇帝呈献礼品和贡金*。相应地，皇帝对进贡的民族提供军事上的庇护，并赏赐相应的礼品，以彰显皇帝的权力和国家的威严。但是皇帝的赏赐通常比进贡的礼品价值要高，因此这种体制对中原不利。

匈奴

从公元前3世纪到公元4世纪,匈奴统治着位于中亚的广阔区域。

他们是天才的骑手和卓越的射手。为了保证遵守誓约,他们会喝下含有敌人首领身上鲜血的血酒。他们从小就被训练成英勇善战的士兵。司马迁这样描写他们:

其畜之所多则马、牛、羊,其奇畜则橐厇(tuó yǐ)、驴、骡、驮骒(jué tí)、騊駼(táo tú)、驒騱(tuó xí)。逐水草迁徙,毋城郭常处耕田之业……儿能骑羊,引弓射鸟鼠;少长则射狐兔:用为食。士力能毌(wān)弓,尽为甲骑。

[译者注:他们的牲畜较多是马、牛、羊,他们的奇特牲畜是骆驼、驴、骡、驮骒(骡子的一种)、騊駼和驒騱(均为野马)。他们追寻着水草而迁徙,不像中原人那样修筑城郭,也不从事农业生产……儿童能骑羊,拉弓射击鸟和鼠,稍微长大就能射击狐兔,作为食物。成年男子都能拉开弓,全都披挂铠甲,骑战马。]

匈奴对中原很有威胁,但他们没能夺取政权,而满族和蒙古族做到了。

匈奴喝下含有敌人首领鲜血的血酒

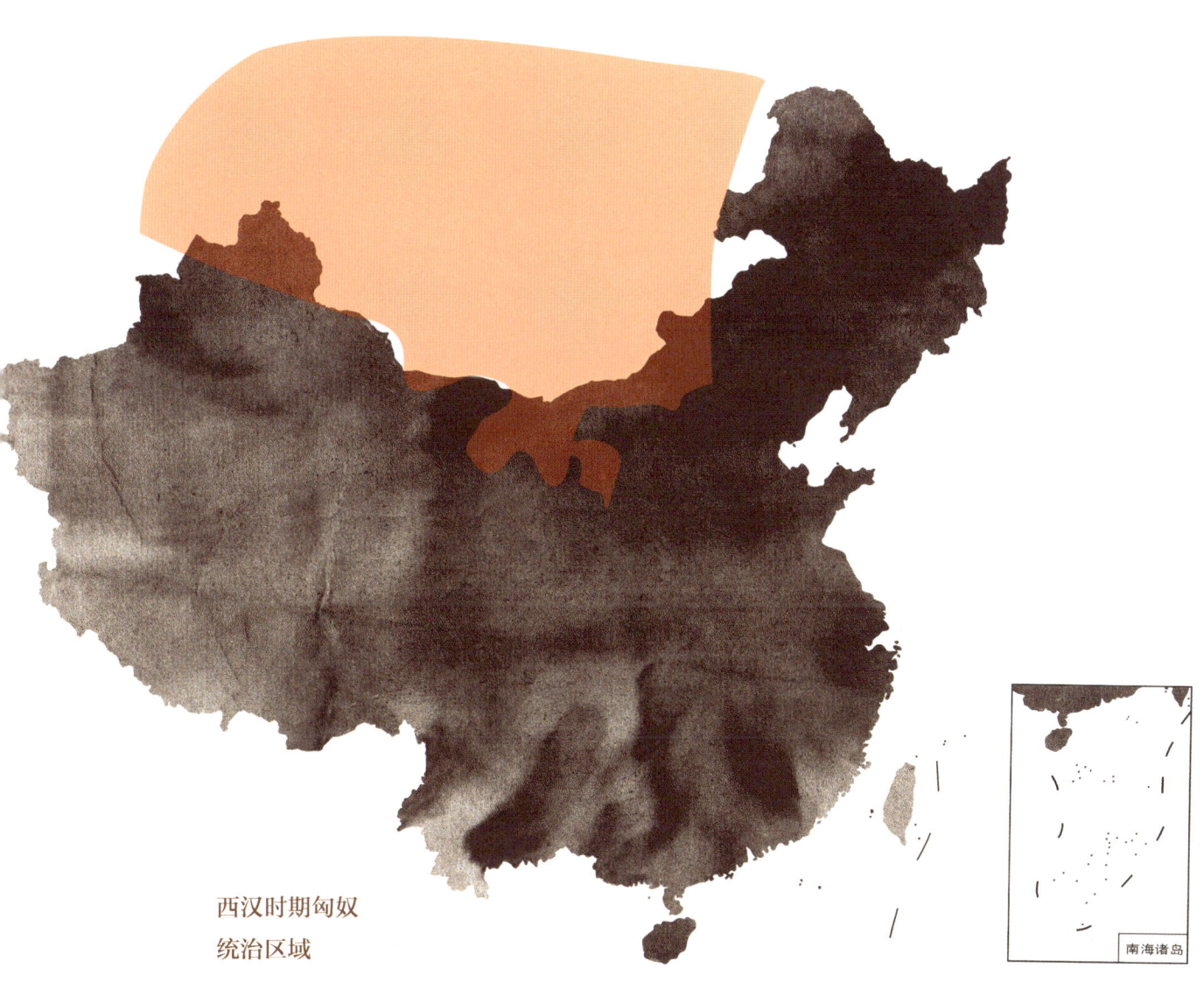

西汉时期匈奴统治区域

满族的武器
非常强大

> 满族统治中国后，他们也像中原人一样住在固定的房子里，耕种田地，不再四处游牧。另一方面，满族要求所有男人，包括中原人，把头发剃成满族人的样子：他们必须把前额的头发剃掉，蓄长辫。谁不照做就会被处以死刑。欧洲人管这种发型叫中国辫子*，但实际上这种发型始于满族。

满族

满族的祖先第一次进入华北地区是在12世纪，从1115年统治到1234年。之后他们被中原人赶走。然而，在1644年，满族又一次越过长城，并且推翻了强大的明朝。满族统治下的清朝*直到1911年才被推翻，此后建立了中华民国。

满族人是一流的骑手，配有精良的武器。弓箭是为了射杀熊和老虎而改进过的，在80米外就能准确地射中目标。满族人的弓长约两米，用牛角和牛筋等材料制成，拥有非同寻常的张力，冲击力是木质弓的三倍。一头水牛的角可以有一米长，满族人精准地将牛角锯成半张弓的弧度，再锉平粘好，一件可靠又致命的武器就做好了。

满族人从1644年起统治中国，在漫长的岁月中，他们与中原人越来越相像。如今，满族是生活在中国的第三大少数民族，有1000多万人。

蒙古族

1279年蒙古人占领中原,一直统治到1368年。此后他们受到了驱逐,但对中原而言依旧是危险的存在。

和满族一样,蒙古人拥有制作精良的弓,配以长长的箭。箭头是阔形多翼式的,伤害力极大。这些优秀的骑手把生活和作战的必需品驮在马背上,这样也解决了在战争中补给的问题。不过,他们并不像之前传说的那样吃马背上的生肉,而是吃他们煮好的方便肉粉。他们迅猛的骑兵大军已经开始使用马镫,马镫给骑兵提供支撑,使他们能够向两边或者向后面射箭。在作战中,他们会杀死每一个敌人。如果他们占领了一座城市,他们会要求所有居民无条件投降。如果人们照做,则还能活命。如果抵抗,所有人都会被杀掉,城市及周边区域都会被烧毁。只有极少数人能够幸免于难,这些幸存者大都提前从别人那里得到了外族入侵的消息。

蒙古人攻陷城市

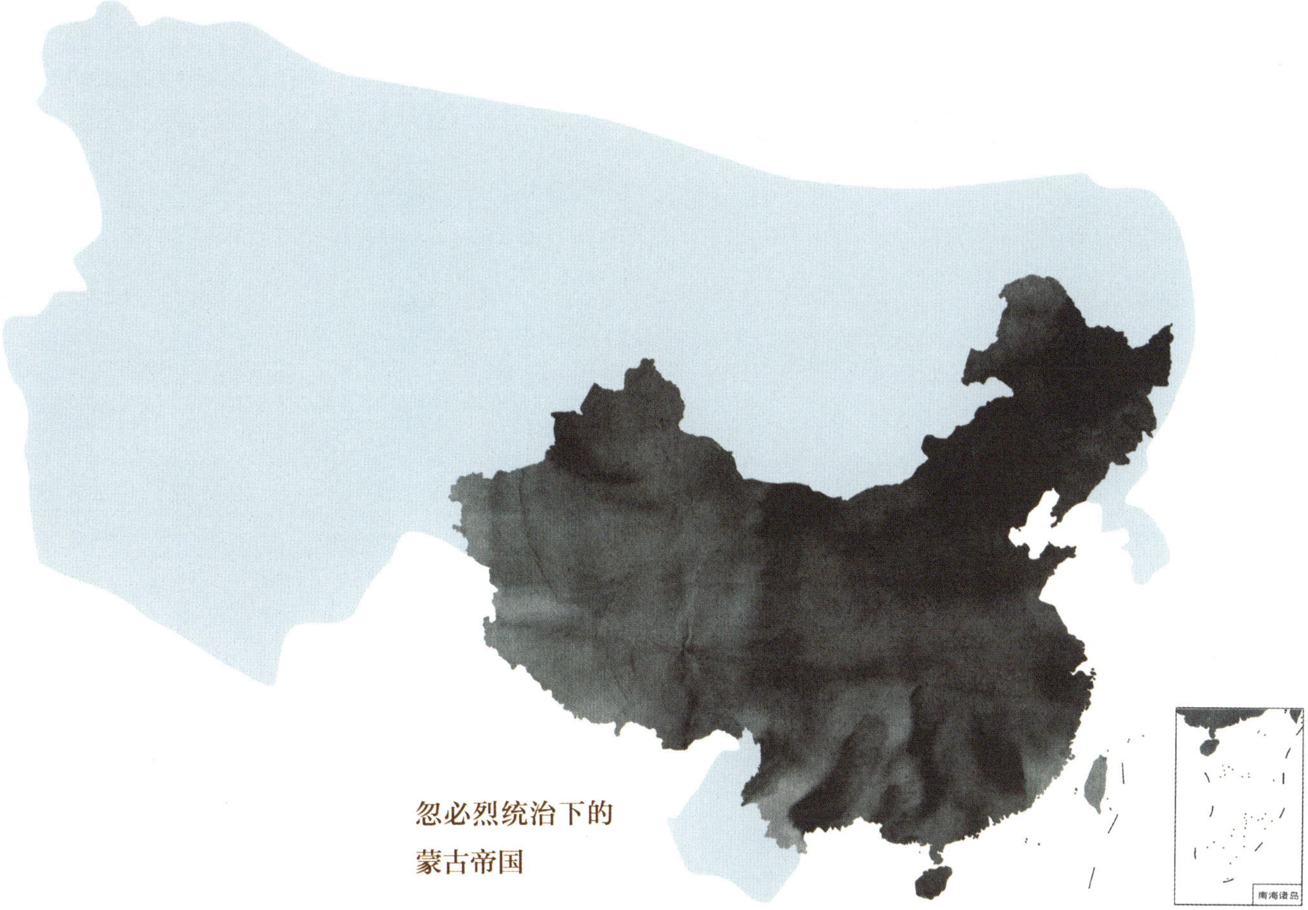

忽必烈统治下的蒙古帝国

成吉思汗

至今，成吉思汗（1162—1227）依旧很出名。凭借迅猛的骑兵，他占领了中国北部和亚洲很大部分的疆域。他去世的时候留下了一个庞大的帝国。在他的继任者的统治下，蒙古帝国的疆土变得更加庞大。成吉思汗的孙子忽必烈*可汗*继位后，蒙古帝国的疆土囊括了整个中国、朝鲜、阿富汗、伊朗、俄罗斯，并延伸至匈牙利。它是人类迄今为止最大的大陆帝国，统治时间长达400余年。

汉长城

匈奴重返和新的长城

让我们离开草原，回到公元前3世纪的中国。公元前210年，秦始皇逝世后，他的王朝也迅速没落，关于谁来做继任者的问题也争论不休。就在城墙内动荡不安之时，长城无人看守。匈奴利用这个绝佳时机乘虚而入，回到了河套地区*，重新开始抢劫和突袭。

公元前202年，曾在秦朝做小官的刘邦登基为帝，即汉高祖*，建立了新的朝代*——汉朝。在中国所有的帝制朝代中，汉朝统治中国的时间最长，超过了400年，一直到公元220年结束。汉朝国泰民安，以至于大多数中国人从那时候起自称为汉族。

汉高祖

起初，汉朝的军队对匈奴的突袭也束手无策，因此皇帝采取了妥协的政策。汉朝每年提供大量丝绸、酒、谷物和铜器，汉朝的公主们也要与匈奴和亲。相应地，匈奴停止突袭。这实际上是汉朝单方面的和平协议，很明显各项条件对匈奴有利。尽管如此，匈奴的要求还是越来越多。

最终，汉武帝冒着危险再次发动了战争。他集结了所有兵力开战，并取得了胜利。他把匈奴赶出了河套地区，一直向北，将他们驱赶到很远的地方。

汉武帝下令在秦始皇时期修建的长城以北修筑新长城，这样就有两条平行的长城来保卫国家的安全。外长城与内长城间有30—70千米的距离。

汉武帝在前140—前87年期间执政，是中国历史上杰出的统治者。他把儒家思想*定为治国的指导思想，要求所有官员认真学习孔子的学说。

"汉武帝"的字面意思是：汉皇室中善用武力的皇帝。他取得了漠南大片土地，并且战胜了可怕的匈奴，由此得名"武帝"。

匈奴被驱逐

向西之旅

汉武帝为了寻找更多援助来对抗匈奴,就派遣自己的心腹张骞(前164—前114)出使西域,以期与被匈奴驱逐而西迁的民族联合,战胜匈奴。然而,张骞还没有到达西域,就被匈奴抓住了。直到10年后,他才得以逃脱。他继续完成自己的使命,向西行进,并在那里了解到:这些民族不愿意和匈奴作战,但是那里的人们想获得来自汉朝的商品。张骞了解到西域情况后,终于在离开祖国13年后踏上了归国之路。他向朝廷汇报了西域人民想要得到汉朝商品的愿望,还描述了一种极其健壮的、非比寻常的马——它流出的汗液像血一样。汉武帝对汗血宝马和贸易都非常感兴趣。

在这种情况下,汉武帝制定了新的政治目标:在西部也必须防御匈奴的突袭,这样汉朝的商品才能安全地运送到西域人民的手中。在无数的战役中,汉武帝的军队真正做到了将匈奴驱逐出西域,长城也因此延长。向西之旅是一件充满危险、令人恐惧的事情,因为在此之前,汉朝的人们只在荒诞不经的故事中听说过远方的西域,故事是这样说的:

那里的爬行动物看起来像兔子,男人的胳膊从后往前长,戴着军帽的疯鸟到处乱飞。

古代中国人想象中的欧洲人

最长的长城

汉朝的长城超过一万千米,是中国历史上最长的长城。它穿过河谷、山脉,甚至在西部穿过了戈壁中可怕的塔克拉玛干沙漠*。塔克拉玛干沙漠是中国第一大沙漠,是真正的寸草不生之地。那里白天炎热、夜晚寒冷,温差极大;2月到6月,沙尘暴肆虐,能持续数日或者几周之久。

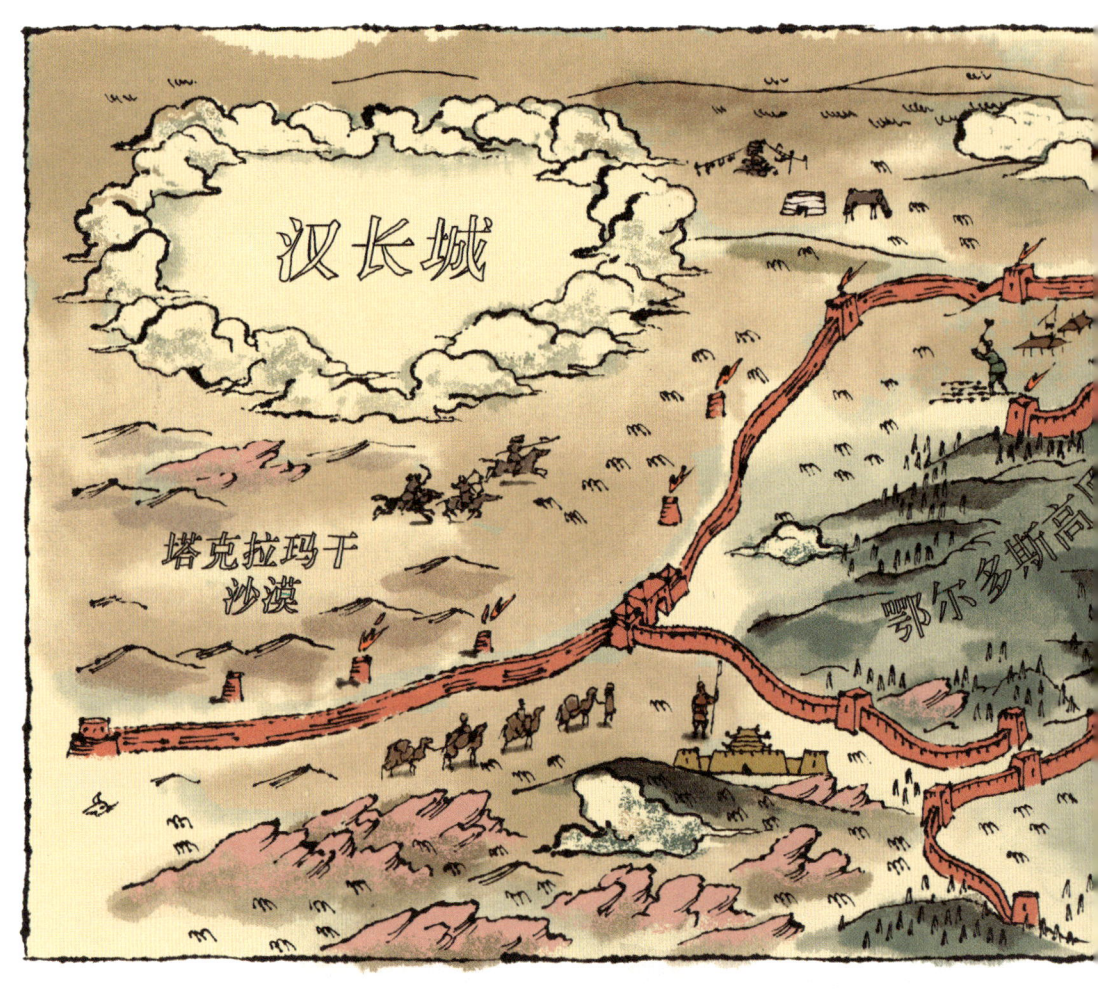

丝绸之路*的安全

自此,长城又有了一个新的功能。张骞出使西域13年后返回的路,是通商之路的发源地,西域通过这条路获得中国商品。

这条著名的通商之路就是丝绸之路,它从中国一直延伸到地中海。长城保护了小商贩和商人,使他们可以安全地将大宗货物运送到西域。

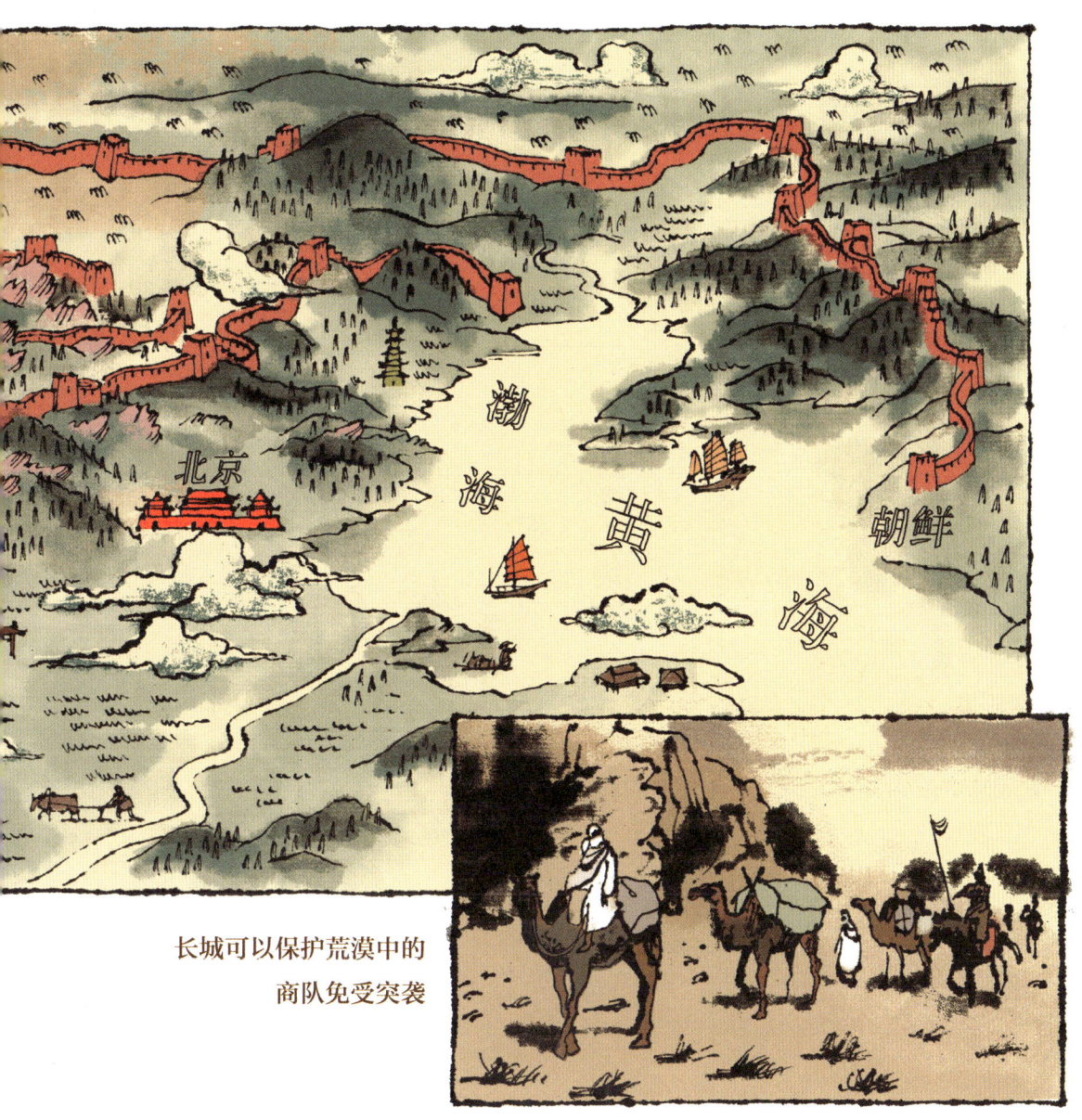

长城可以保护荒漠中的商队免受突袭

荒漠里的城墙

在漫长的岁月中，人们遗忘了汉朝的长城在当时延伸到了西域的哪个位置。直到1907年，考古学家马尔克·奥莱尔·斯坦因（1862—1943）在塔克拉玛干沙漠的边缘发现了汉长城西端边界的大门——玉门关，它以玉命名，是通往中国的大门。

斯坦因找到了记录着边关士卒的艰苦生活的石碑和竹简。其中有一个士兵这样抱怨在荒漠边防的凄苦生活：

战城南，死郭北，野死不葬乌可食。

（译者注：城南城北都有战事，许多人战死在外。如果我们在荒漠中死去，无人将我们埋葬，我们的尸首会变成乌鸦的食物。）

在一卷竹简上写着：

危险没有远离我们的国家，但我从未如此近距离地感受过它。昨天我在一座山上见到了许多全副武装的、穿着兽皮的男人。他们骑着马，就像怪物一样，看起来十分可怕。

竹简上的战地书信

斯坦因在塔克拉玛干沙漠挖掘文物

尽管如此，还是有越来越多的士兵被派去抵御匈奴。虽然攻打匈奴的战争令人恐惧，但是比敌人更可怕的是驻守长城时艰苦、阴郁、乏味和贫困的生活。

明长城

蒙古人被驱逐

即便是像长城这样坚固的边界,也不是永远不可逾越的。敌人会利用每一个弱点和疏漏,比如贿赂士兵,或者趁士兵打牌的时候突袭,总之有的是办法。这个敌人就是蒙古人。他们在1279年进入中原,一直统治到1368年。

蒙古人统治中原近一个世纪之久,在这期间,汉人的境遇十分悲惨。在蒙古人的统治下,汉人被视为第三等人。重要的官职只能任用蒙古人,就连公堂审判都是双重标准。汉人偷了东西,脸上会被刺上字,蒙古人偷了东西就不会受此刑罚。汉人杀了一个蒙古人,会被处死,蒙古人杀了一个汉人,只需要罚一点钱就行了。

脸上被刺字的罪犯

红巾军反抗元朝统治

农民几乎得不到生活必需品,很多人被活活饿死。14世纪中期,黄河泛滥,堤坝被冲毁,各地的汉人被派去筑堤、挖渠。这给了汉人机会建立秘密团体,谋划反抗残暴统治的起义。红巾军是其中一个起义组织,它以黄河沿岸农民劳工戴的标志性的红色头巾命名。组织红巾军战斗的其中一位首领是朱元璋,他的父亲是一位农民,在饥荒中饿死。

红巾军把蒙古人赶出了中原。此后,新王朝明朝建立,在1368—1644年间统治中国,朱元璋也成为明朝的开国皇帝。为了纪念他此前的军事行为,他定年号为洪武,即"强大的武力"。洪武帝朱元璋的26位皇子中,有8位被他派去驻守北部边境。

然而他们回来了

战胜蒙古人后,洪武帝的继任者觉得自己是不可战胜的。明朝的第三位皇帝——永乐帝*朱棣——重建了蒙古人以前在北方的都城大都,并将它命名为北京。北京,意思是北方的都城,从那里出发,骑马到草原只需要几天时间。

永乐帝逐步削减了边境兵力,陶醉于边境永享太平的假象中。他的继任者也一样,毫不关注长城的情况。这导致了严重的后果,正如一百年后一位朝廷高官指出的那样:

蒙古人擅长偷袭,但是我们的边境将领却死板地遵照指令毫不反击。城市和要塞的设施不完备,弹药和武器紧缺。有钱的士兵为了不执行军务,每月贿赂上级。相反,贫困的士兵却只能忍受饥饿,被派到苦寒之地。因此,边境的守卫非常薄弱。

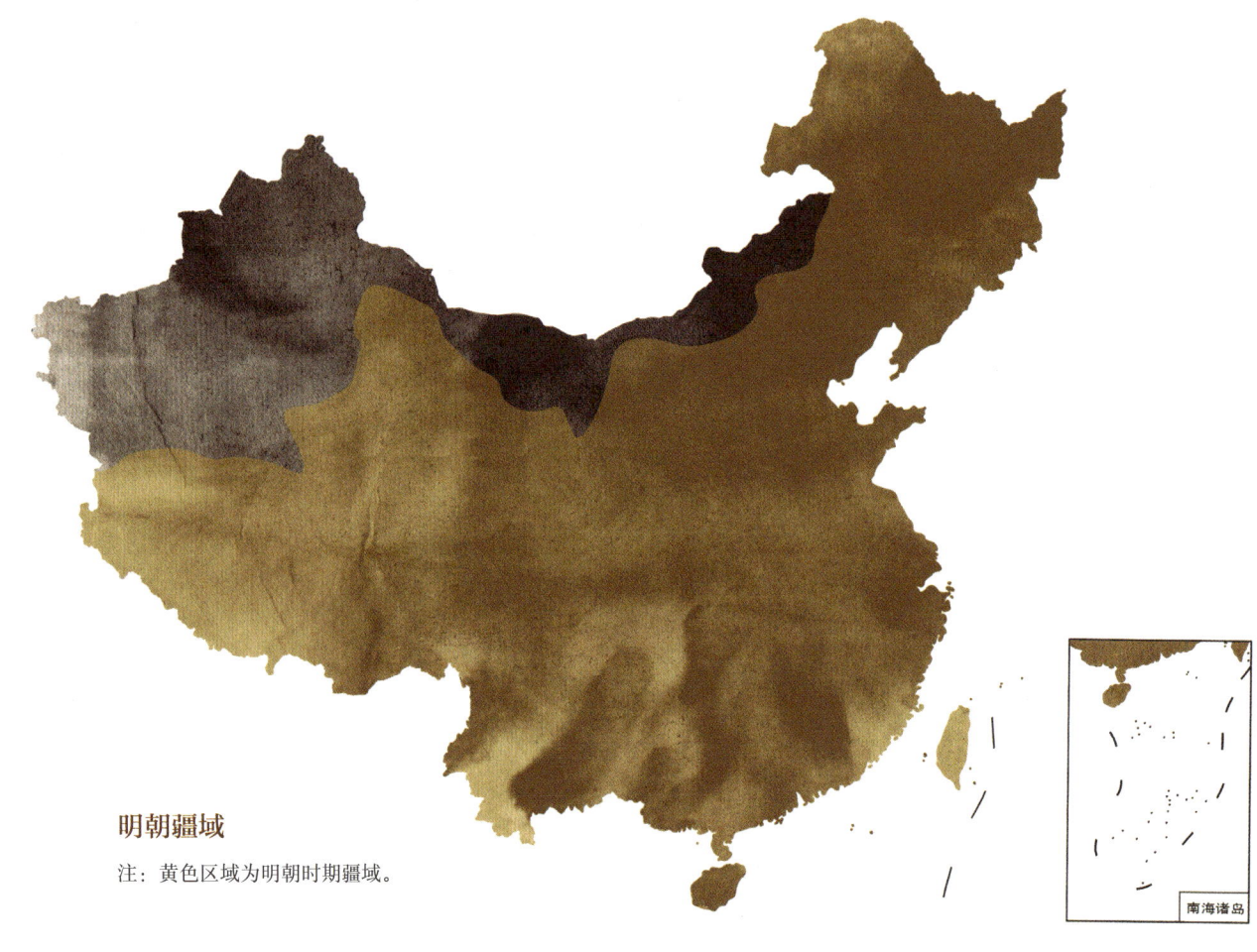

明朝疆域
注:黄色区域为明朝时期疆域。

拜见皇帝的余子俊

边境已不再安全，蒙古人也已返回河套地区生活，并且抢劫不断。他们偷盗金属、粮食、衣服、家禽、女人和孩子，烧毁房屋，杀死男人。延绥巡抚、右都御史余子俊深知百姓的苦难，向朝廷建议在蒙古人和汉人的居住地之间修筑一道城墙。有些官员认可这个建议，另一些却认为将这些异族赶走更好。只是怎么把他们赶走呢？当时进行的战役无不遭到惨痛的失败。就在朝廷常年争论不休的时候，蒙古人的劫掠行为愈演愈烈。最终，一位勇敢的将军朱永像游牧民族一样骑着马，统领着他最好的骑兵奔赴前线，取得了战争的胜利。

那些在战争中生还的游牧民族四散而逃。

修建新的长城

战争的胜利为修建新的长城赢得了时间。在明朝建国100多年后,余子俊带领四万名劳工修建了明长城的第一段。新长城完成了它的使命。1482年,蒙古人中计陷入了长城和它外围的壕沟之间——这些壕沟是工人们修建长城时为了获取黏土而挖掘出来的。《明史·余子俊传》记载:

> 寇扼于墙堑,散漫不得出,遂大衄(nǜ),边人益思子俊功。

(译者注:蒙古人被城墙困住,惊慌失措,走投无路,最终失败。从此,边境的居民更加思念余子俊修筑长城的功劳。)

蒙古乞丐

他们又回来了

此后的一个世纪和平度过。直到蒙古人强大的新首领俺答汗（1507—1582）再次统一草原各部。1550年，他要求明朝朝廷打开长城的大门，让他的子民与明朝进行贸易。那年的冬天格外寒冷，蒙古人为了活命而苦苦挣扎。他们沿着长城乞讨，并提供马匹作为交换。然而明朝皇帝依旧冷酷地不同意开放边境贸易。

在这种情况下，俺答汗带着他的精锐部队沿着长城直达它的最东端。他们一路打砸抢烧，一直推进到北京的郊区。中原人陷入了恐慌。明朝朝廷允诺俺答汗，会考虑开通双方贸易，俺答汗不情愿地撤兵了。尽管如此，明朝皇帝和之前一样，还是毫不妥协地拒绝与蒙古人开放任何贸易。

大规模兴筑长城

诚然，俺答汗给明朝朝廷上了一课。在一百年后，人们终于开始真正大规模修筑长城。明长城的特别之处是使用了砖块修建，这些新修筑的部分就是今天举世闻名的万里长城，是用来保卫北京的。每隔几年，明朝皇帝就会下令重修和加固长城，其他任何朝代都没有如此重视过长城的修建。

今天，让我们惊叹不已的万里长城，大部分修建于明朝。

明朝时期人们用砖块修筑长城

砖、石、沙和黏土

建筑材料

长城自西向东经过荒漠边缘，穿过黄河河谷，跨过平原、山脉、丘陵，直到渤海之滨。人们在修筑长城时一直都是就地取材。因此，长城不同的部分由不同的材料建成。

在山区，人们取石头为原料，将岩石开凿出来，逐层垒砌。这些石长城的遗迹至今还有几米高。

在平原和黄河流域，人们取黏土为原料，将黏土填进两块木模具间，用力压实。这些土长城如今只剩下低矮的土墙。

在荒漠，人们在20厘米厚的沙子和碎石上铺上5厘米厚的芦苇和红荆枝，然后再往上铺沙子和碎石，一层层压实，形成一个整体。这种城墙的有些部分至今还有6米高，4米厚。如果条件允许，人们在修建新长城的时候也会混合使用旧长城的部分。

碎石、树枝、泥土都被用来作填料

砖块砌成的长城

北京北部的八达岭到居庸关之间那段举世闻名的砖长城,是每个游客都不会错过的精华景点。明长城的截面是梯形的。比如在八达岭,城墙底部宽7—8米,上面宽6米,高6—9米。

长城的墙面和墙顶都是由砖块砌成的,墙身由外檐墙和内檐墙构成,均有近1.5米厚。城墙顶部能并排站10个人或者5个骑着马的士兵,整个军队就是这样列队在城墙上快速行进的。内外墙之间的空间由泥土、砾石、石灰岩以及任何能就地找到的东西填充。面向敌境的一面筑有高高的垛口墙,垛口墙上有城垛、瞭望台和炮台。

抗日战争后,这段长城得到了精心的修缮。如果人们继续向西走,就能看到没有被修缮过的砖长城。令人惊讶的是,这些城墙依然保存得很好——这也证明了长城的坚固。

建筑工人

数十万的士兵和农民被派去修建长城，就连犯人也被判去长城服劳役。明朝有超过100万人在长城上劳动。不过死伤最多的还是秦始皇修建长城的时期。无数人遇难，或累死，或饿死，或冻死。虽然在后来的修建过程中还是付出了太多人的生命，但像秦始皇时期因修建长城而导致的死伤无数的情况再也没有出现过。

修建长城时的景象

运输

砖块、黏土和沙子是工人们用背扛或者肩挑到施工现场的。有时他们排成一排,传递石块。太重的材料用手推车运送,大型石块以树干为滚轮拖着前进——就连绞车都派上了用场。

砖块和石灰都是在附近的炉子里烧制的。驴和骡也被用来驮装着石块和沙子的篮子,山羊被用来驮砖头。据说,牲畜们自行把材料驮到长城的施工现场,再自行返回并驮上新的材料。

长城

世界上最大的边境工程

瞭望台前的士兵

不仅仅是一座城墙

万里长城是世界上最长的边境工程，用来抵御强大的敌人，因此，它的意义远不止一座难以逾越的城墙那么简单。长城有门，可以让游客出入。在面对敌人的那一侧有很深的壕沟，这是工人们挖出黏土建造长城后形成的。面向中原的一侧有大大小小的堡垒，供军官、士卒生活和储备物资。每隔100—200米有一个敌楼，面向敌方的一面有一片宽阔的平台，可以远远看到敌军的动态。同时，烽火台也非常重要。

敌台

根据地形的开阔程度，每隔100—300米设有一个高大的敌台。它砌在长城里，比墙顶道路高出两到三层，底座面积达40—60平方米。敌台内存放着哨兵的剑、矛、刀、戟、斧、锤、弓、弩、枪和火药。自明朝起，每层都设置了射击孔，在最高层的平台上可以用枪支或者炮弹向敌人开火。

敌台内的军火仓库

烽火台

最重要的是烽火台。当发现敌军靠近,哨兵就会立即报告。一旦发现敌情,哨兵就会点燃烽火台上的烽火墩,将信号传递给相邻的烽火台,然后依次传递消息。每隔2.5—5千米的视线可及之处就屹立着一座烽火台。每座烽火台上耸立着5个烽火墩,供士兵辨别信号。

烽火台

敌人数量在100人以内时点燃1个烽火墩，100人到500人时点燃2个烽火墩，500人到1000人时点燃3个烽火墩，1000人到5000人时点燃4个烽火墩，多于5000人时点燃5个烽火墩。若是在白天发现敌情，就点燃一种用狼的粪便、硫磺和硝石混合而成的燃料作为信号，这种燃料会产生浓烟。若是在夜晚发现敌情，就用火光作为信号。只需要短短几小时，敌情就能传遍绵延数百千米的烽火台，一直传到都城。

用驿马传递消息也是信息系统的一个重要环节。一旦发现危险，该段长城的军官就会派出一名骑兵，骑兵和驿马分段替换。通过这种快速的信息系统，都城里的人就可以及时掌握长城的情况。

发现敌情

击石燕鸣

虽然长城和守卫它的人都这么强大，但是强悍的成吉思汗还是不把它放在眼里，仍然跨过了长城。古代中国人喜欢讲守卫长城的故事，其中有一段关于燕子的故事，内容是这样的：

从前，有一对燕子在长城重要的关城嘉峪关*筑巢。每天早晨城门一开，燕子就飞出去寻找食物，晚上城门要关闭前再飞回来。士兵和军官都非常喜爱这对燕子。然而有一天，这两只燕子为了找食物飞得太远了，等它们回来的时候，城门已经关严了。燕子在城门前盘旋并且央求："请开门放我们进去吧，我们是燕子。""不行。"哨兵回答说，"城门早晨打开，夜晚关闭，这是不容违反的规定。"燕子反驳道："我们都是老邻居了，您就放我们进去吧！长官不会怪您

一对燕子

的。"然而哨兵还是不为所动:"这里是军事重地。城门一旦关上,没有上级的命令,任何人不得开门,违令者当斩。""可是我们是燕子啊,为什么要把我们当人类对待呢?"哨兵回答:"这里是要塞,鸟类和人类一样对待。"绝望的燕子不断地请求放行,却没有成功。夕阳西下,夜幕降临。城门外既没有树木,也没有房屋,燕子找不到任何栖身之处。最终它们从门上摔下,掉到地上死去了。

如果人们用卵石撞击嘉峪关西城门的外墙,会听到一种清晰且轻柔的声音,就像燕子的叫声。据说,这是那两只燕子的灵魂。这就是"击石燕鸣"传说来源的版本之一。

伟大的长城

保佑

万里长城的修建有时意味着国力的衰落，然而对很多人而言也意味着保佑。那些认为长城意味着保佑的人，将长城形容为一条蜿蜒的"巨龙"。龙头位于黄海，龙尾在荒漠戈壁。龙代表着幸运与和平、强大与力量，也象征着不朽、威严、智慧和秩序。

将长城比作巨龙

新的外族漂洋过海而来

19世纪的时候来了新的外族，不过这次是漂洋过海来的。1792年，马戛尔尼和他的使团前往中国，希望中国购买英国制造的商品。然而清朝朝廷拒绝了这一请求。此后不久，英国占领印度，并找到了一个卑鄙的方法打开中国市场。英国人在印度种植鸦片，让一个叫东印度公司的英国贸易公司将鸦片走私到中国。这一举动带来了毁灭性的后果：鸦片使中国人的身体和精神上瘾，国内出现越来越多的腐败和犯罪。但是，英国人的目标也因此实现了：中国人向英国人购买鸦片所支付的银元，超过了英国人向中国人购买茶叶的支出。

当中国人开始禁烟之时，英国人派出海军占领了中国的港口。他们可不想失去这种有利可图的生意。此时的中国没有先进的科学和技术，在军事上已无法战胜英国。

英国人之后，还来了法国人、美国人、德国人……他们都要求中国开放自由贸易。

日本入侵

就连日本也垂涎于资源丰富的中国东北地区，想把中国变为殖民地。20世纪30年代初，日本占领东北。1937年中日之间的全面战争开始了。

中国的士兵沿着长城对抗日军的侵略，保卫国土。中国士兵虽然缺少武器，有的战士还在用剑做武器，却依然英勇无畏，对抗配备了现代军事装备的日本军队。为了给自己打气，中国士兵们唱着保卫长城的歌曲，奋勇杀敌。

战士们的勇气如此可嘉。长城代表着中国，保卫长城就是保卫中国。当时有一首歌谱写出来后被广泛传唱，并成为新中国国歌：

起来！不愿做奴隶的人们！把我们的血肉，筑成我们新的长城！

中国抗日战争

中国是怎样反抗这些外来"魔鬼"的呢？只要在中国到处看看，就能明白：中国建造的长城，是以精湛的技术和渊博的自然科学知识为前提的。如果中国曾经能取得如此巨大的成就，并拥有如此强大的防御能力，那么她也能重新找到这种伟大的力量。长城就是中国强大与力量的象征。

令人敬仰的石头

八达岭长城在抗日战争中损坏严重。中华人民共和国成立后，中国人民修复了八达岭长城被毁的部分。

万里长城自抗日战争起就受到了人们的尊重和敬仰。但是，国家文物局在1979年公布的一则消息在社会上引起了轩然大波。消息称：1970—1974年，长城被盗石者有意损坏，这些盗石者用长城的石块搭建临时住所，甚至还用来搭建仓库、住宅、棚子和马厩。

世界文化遗产之一

1987年,长城被列入世界文化遗产名录。早在1984年长城还在备选名单之时,中国政府就开始宣传:

爱我中华,修我长城。

从那时起,有一个团体一直在修复受风化和天气影响严重损坏的部分长城。

自从中国开放旅游业后,世界各地的人民都可以一睹长城的风采。当了解了建造这座独一无二的建筑的原因,以及长城对于那些被迫建造它的人和那些想要保护它的人的意义之后,长城会更加令人肃然起敬。

附录

词汇表 （按对应的汉语拼音首字母进行排序）

八达岭长城 长城参观人数最多的一段，位于北京西北约60千米处，如今有一条高速公路直通那里。八达岭长城属于明长城的一段。

北狄 北方蛮族。古代的中国人认为自己的国家是唯一的文明国家，因此对他们来说，其他民族都是蛮族。

兵马俑 字面意思是"士兵和马匹的塑像"。它位于中国第一位皇帝（秦始皇）的华丽的陵墓中。除了用陶土制成的战车和马匹，还有约7000具用陶土制成的战士俑作为殉葬品陪葬。这支雄伟的军队至今仍没有完全挖掘出土。

朝代 建立国号的君主（一个或若干代相传）统治的整个时期。

鄂尔多斯高原 位于中国北部的内蒙古自治区。高原北部是草原和荒漠。

封地 皇帝把土地分封给诸侯，诸侯享有土地的所有权和管理权。农民若想耕种土地，必须向诸侯租借。相对地，农民必须向土地所有者上交一部分收成，一部分人还需要为诸侯服兵役。秦朝结束了中国的分封制。

贡金 支出钱财或者交税。交纳贡金的人，通常臣服于对方政权。比如北狄向中国皇帝上交贡金，同时也接受中国皇帝的回礼以及军事保护。

古北口长城 位于北京市密云区古北口镇，始建于战国时代，是最古老的长城部分。古时的通关口位于北京东北约130千米处，如今只保留了残垣断壁。

汉高祖 汉朝开国皇帝。生活在前256—前195年间。原名刘邦。

河套地区 指包括鄂尔多斯高原等地区的黄河"几"字弯周边地域。

忽必烈　成吉思汗的孙子，生活在1215—1294年间，是蒙古人的首领（可汗），建立了元朝，是元朝的开国皇帝。

黄河　约5464千米长，是中国第二长河，世界第五长河。流经中国北部，众多小河和溪流带着石沙和其他矿物汇入河中，使河水呈现黄色，由此得名黄河。

嘉峪关　字面意思是"美丽山谷旁的关口"，是长城最大的关城之一，位于长城西端，在甘肃省嘉峪关市。

可汗　对亚洲游牧民族统治者的称谓。可汗的意思是指挥官或首领。中国历史上著名的可汗有成吉思汗和忽必烈等。

李斯　秦始皇的丞相，著名政治家。

临洮　位于中国西部的甘肃省内。在蒙恬将军的领导下，长城延伸至临洮。

满族　生活在中国东北部的民族。对古代中原人而言，他们是北狄。17世纪时，他们跨过长城统治中国，如今是中国的少数民族之一。

牦牛　牛的一种，主要生活在中亚。因为叫声独特像猪鸣，所以又叫猪声牛。牦牛可以很好地适应极端气候，比如高原的寒冷气候。

蒙古包　亚洲游牧民族的传统帐篷。它用圆木架做支撑，用羊毛毡围裹而成。如今在蒙古还有很多人住这种帐篷。

蒙古族　游牧民族，对古代的中原人来说，他们是北狄。最著名的蒙古人必然是成吉思汗。现在蒙古族是中国的少数民族之一。

孟姜女　孟姜女的故事是中国民间四大传说之一，传说孟姜女把长城哭倒，露出了那些因为修建长城而死去的劳工的白骨，她将这些尸骨一一挖出来安葬。

明长城　千百年来，不同朝代都修建过长城，由此建成了长城的主体，其中最著名的是明朝修建的长城。

清朝　1644—1911年，由满族统治的历史时期。清朝是中国历史上最后一个封建王朝。

儒家思想　孔子是中国哲学家，生活在前551—前479年。他的哲学的核心思想是"仁"。儒家弟子对孔子的学说进行了补充。

山海关　字面意思是"依山临海的关口"，是长城最大的关城之一。位于北京东北约300千米处的渤海之滨，1990年以前被认为是长城的最东端。

丝绸之路　以西安为起点，经中亚、西亚，连接地中海各国的通道，是以通商为主要目的的交通道路。商人在丝绸之路上运送贸易物品，其中有中国出产的珍贵的丝绸。

塔克拉玛干沙漠　中国最大的沙漠，面积超过30万平方千米，沙丘高达300米。

天子　中国皇帝的另一个称谓，因为古代中国人相信，皇帝是受了上天的委托来管理人间事务的。

万里长城　起初它是一座位于国土边界的防御工事，用来阻止北方游牧民族入侵中原。在2000多年的时间里，长城被不断扩建，历代长城总长度为21196.18千米。但是它不是一座延绵不断的城墙，准确地说，它由近44000个部分组成。1987年，长城被联合国教科文组织列入世界文化遗产名录。

匈奴　中国北方的一支游牧民族，古代中国人称他们为北狄。至今人们仍经常把他们与匈人混为一谈。这个民族已经不复存在了。

永乐帝　朱棣，明朝第三位皇帝，生活在1360—1424年间，明朝最著名的皇帝之一。他的功绩主要是下令在北京修建了著名的故宫和派遣巨型船队外出考察。

中国辫子　准确地说，应该叫满族辫子，因为它是典型的满族发型。在清朝统治时期，汉族男人也被要求剃同样的发型，反抗者会被处以死刑。这种辫子编在后脑勺的正中间，其他地方的头发都会被剃掉。中国人保持这种发型一直到20世纪初。

中原文化　黄河中下游地区的物质文化和精神文化的总称，也是中华文化的重要源头和核心组成部分。

周武王　在成功推翻商朝后，他成为周朝的第一位统治者，前1046—前1043年间在位。

参考文献

CRI China Radio International, www.cri.cn.

Bernhard Bartsch, Der letzte Manschure, Berliner Zeitung vom 4. August 2008.

Helmut Becker und Niels Straub, Drachenflug. Wirtschaftsmacht China quo vadis, Berlin, Heidelberg, New York, 2007.

Jacques Gernet, Die chinesische Welt, Frankfurt, 1988.

Michel Jan u. a., Die chinesische Mauer, München, 2000.

Julia Lovell, Die Große Mauer. China gegen den Rest der Welt, Stuttgart, 2007.

John Man, The Great Wall, Cambridge, Mass., 2008.

The National Geographic Magazine, Vol. XLIII, No. 2, February, 1923.

Hans-Wilm Schütte, Chinas Große Mauer, Hamburg, 2002.

Der Spiegel, Nr. 90/1979, Zehntausend Li, S. 85-88.

Johnny Earling, Chinesische Mauer viel länger als angenommen, www. derstandard. at, 19. April 2009 (abgerufen am 23. Mai 2011).

Michael Yamashita, William Lindesay, Die Chinesische Mauer. Geschichte und Gegenwart eines Weltwunders, München, 2008.

Luo Zewen u. a., Die Große Mauer. Geschichte, Kultur- und Sozialgeschichte Chinas, Frankfut, 1982.

Gudrun Ziegler und Alexander Hogh (Hg.), Die Mongolen. Im Reich des Dschingis Khan, Stuttgart, 2005.

图片来源

乔治·马戛尔尼，第7页上方：Henry Edridge绘，1801年。Wikimedia Commons/Jan Arkesteijn，2010年。

从古北口长城眺望的景色，第7页下方：Saad Akhtar（新德里）摄。Wikimedia Commons/Saad Akhtar，2010年。

周武王，第12页：13世纪中叶。Wikimedia Commons/Stout256，2009年。

中国第一位皇帝——秦始皇，第16页：三才图会，1609年。

历史学家司马迁，第17页：资料不详。Wikimedia Commons/Stout，2009年。

蒙恬将军，第18页：资料不详。北京：文物出版社。

战士俑，第19页：资料不详。Wikimedia Commons/Camphora，2011年。

古代中国人的世界观，第24页：资料不详。Hermann Kienesberger，2012年。

成吉思汗，第35页：一位匿名宫廷画师绘。Wikimedia Commons/WikEd g2s，2006年。

汉高祖，第38页：资料不详。Wikimedia Commons/Miuki，2006年。

古代中国人想象中的欧洲人，第42、43页：三才图会，1609年。

竹简上的战地书信，第46页：Aurel Stein发掘。Wikimedia Commons/Reiji Yamashina，2009年。

作者和插画家

科妮莉亚·赫尔曼斯是出生于德国斯图加特的记者和作家，现在和她的家人生活在德国图宾根。她是获得博士学位的历史学家，并长期从事游记的撰写工作。中国一直以来深深吸引着她。因此，她充满热情地投身于对中国万里长城的调查研究之中。

格雷戈尔·克廷是上海爱豆笔此设计工作室双人艺术组合的成员之一。

这位出生于德国德累斯顿的艺术家在他的历史插画中展现了他对细节的钟爱、熟练的技艺和对精致的追求。

更多关于本书作者和插画家的信息，您可以在www.drachenhaus-verlag.com上获取。

图书在版编目（CIP）数据

换个角度看历史.长城/(德)科妮莉亚·赫尔曼斯
著；(德)格雷戈尔·克廷绘；林芳芳译.--贵阳：
贵州人民出版社，2020.5
 ISBN 978-7-221-15966-3

Ⅰ.①换… Ⅱ.①科…②格…③林… Ⅲ.①中国历
史-通俗读物②长城-通俗读物 Ⅳ.①K209
②K928.77-49

中国版本图书馆CIP数据核字(2020)第064272号

著作权合同登记图字：22-2020-052号
审图号：GS（2019）6083号

Author and title of the original edition:
Von Kaisern und Barbaren. Der Bau der Großen Chinesischen Mauer
Author: Cornelia Hermanns
Illustrator: Gregor Körting
Copyright © 2012 Drachenhaus Verlag, Esslingen, Germany
Chinese language edition arranged through HERCULES Business & Culture GmbH, Germany

本书中文简体版权归属于银杏树下（北京）图书有限责任公司

换个角度看历史：长城
HUANGE JIAODU KAN LISHI: CHANGCHENG

[德]科妮莉亚·赫尔曼斯 著 [德]格雷戈尔·克廷 绘 林芳芳 译
选题策划：北京浪花朵朵文化传播有限公司
出版统筹：吴兴元
营销推广：ONEBOOK
责任编辑：孔令敏　韦天亮
特约编辑：姬越蓉
装帧制造：墨白空间·唐志永
出版发行：贵州出版集团 贵州人民出版社
地　　址：贵阳市观山湖区会展东路SOHO办公区A座
印　　刷：天津图文方嘉印刷有限公司
版　　次：2020年5月第1版
印　　次：2020年5月第1次印刷
开　　本：889毫米×1194毫米 1/16
印　　张：6
字　　数：65千字
书　　号：ISBN 978-7-221-15966-3
定　　价：72.00元

读者服务：reader@hinabook.com 188-1142-1266
投稿服务：onebook@hinabook.com 133-6631-2326
直销服务：buy@hinabook.com 133-6657-3072
官方微博：@浪花朵朵童书

后浪出版咨询（北京）有限责任公司常年法律顾问：北京大成律师事务所　周天晖 copyright@hinabook.com
未经许可，不得以任何方式复制或抄袭本书部分或全部内容
版权所有，侵权必究

本书若有质量问题，请与本公司图书销售中心联系调换
电话：010-64010019

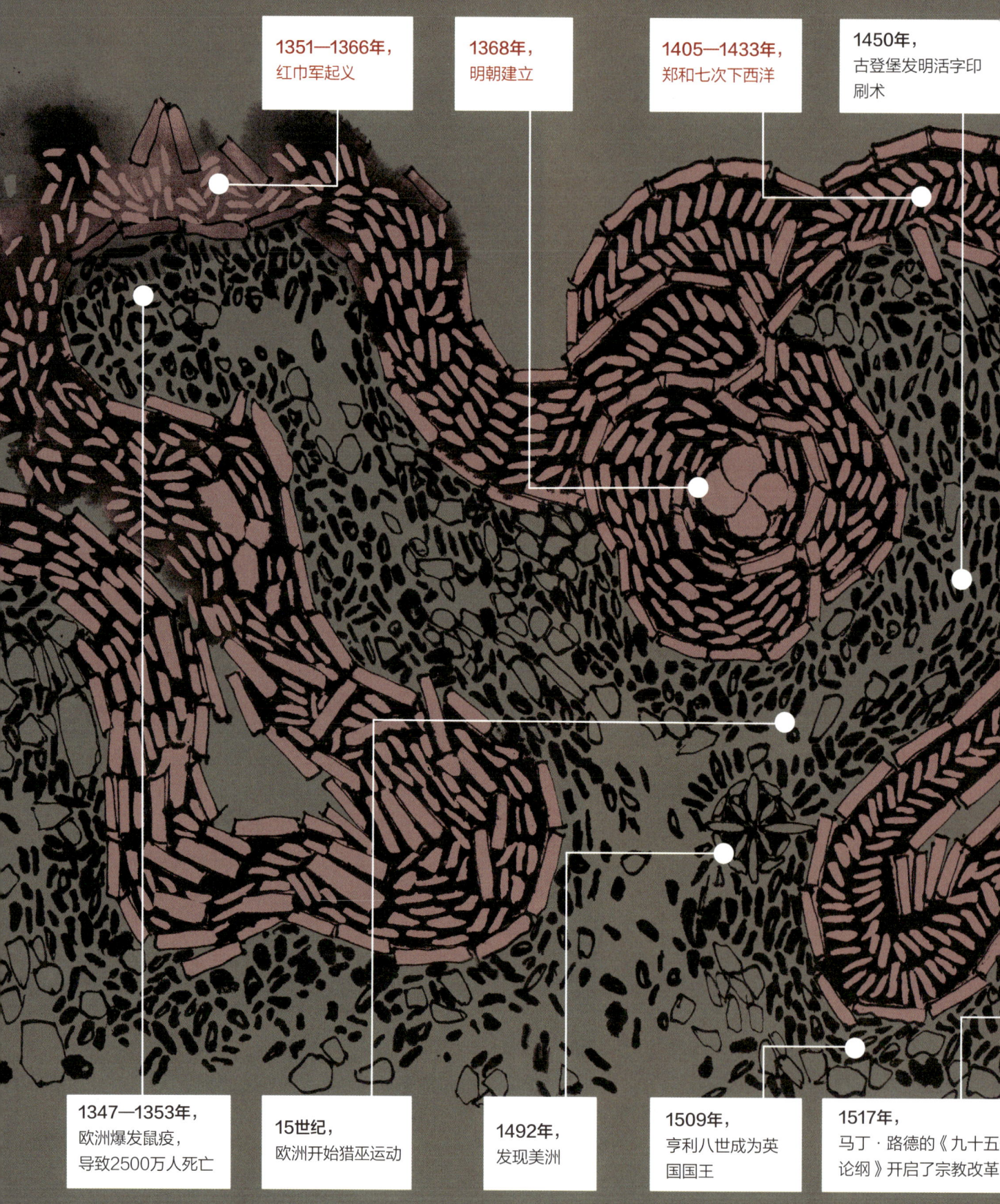